나는 잘 있습니다

정리움 시집

시인동네 시인선 223   정리움 시집

나는 잘 있습니다

시인동네

시인의 말

나는 오직 나를 향한다.
그러나 날 선 나를 누군가 읽어주기를 바란다.
고개를 깊이 숙여야만
겨우 나를 볼 수 있다.
숨겨진 또는 숨기고 있는 나를 본다는 것은
진심이 닿아야 가능하다.

나에게 시(詩)는 누군가를 기다리는 마음이다.

어쩌면 나를 껴안을 수 있는 사람은
나 자신뿐일지도 모른다.

2024년 1월
정리움

차례

시인의 말

제1부

가뭄 · 13

달과 선풍기 · 14

일요일 오전 · 16

먼지 · 17

홍시 · 18

창을 닫으러 갔다 · 20

평일 · 21

작은 사람 · 22

우리들의 천국 · 24

잠이 나를 잘 때까지 · 25

불면이라니요 · 26

연휴 · 28

소파 · 29

편지 · 30

가로등과 나 · 32

제2부

싶었다 · 35

절대값 K · 36

수학 시간 · 38

신림역 2번 출구 · 40

접속 · 42

보통의 아침 · 43

내성발톱 · 44

백색소음 · 46

산책 · 48

공중전화 · 50

실업 · 51

비둘기 · 52

개망초 · 54

나 없는 동안 · 56

곰팡이 · 58

제3부

그런 날이 · 61

고양이의 붉은 눈빛이 어둠을 뚫고 · 62

머리를 처박고 · 64

사진 · 65

나를 위한 일 · 66

냄새 · 68

창에서 나는 · 69

낮 12시 · 70

통증 · 72

소문 · 73

12는 13을 모르고 · 74

연말정산 · 76

개와 늑대의 시간 · 78

현무암 · 79

손톱을 깎는다 · 80

좋겠다 · 82

제4부

무성영화 · 85

김상달 씨 · 86

가시 · 88

야자수가 있는 집 · 89

문상 · 90

세신(洗身) · 92

공원 · 94

거제 수국 · 95

등 · 96

국화 · 98

합장 · 99

젓가락 · 100

겨를 · 102

순서 · 104

해설 일상을 빚는 지극한 태도와 진심 · 105
 박진희(문학평론가)

제1부

가뭄

저수지 바닥에 뼈 한 구 누워 있다
사람들이 모여든다
얼음 밑에 가라앉은 아이인가
아이를 등지고 간 여자인가

염산을 마신 태양의 혀가 측백나무들에 옮겨붙는다

제 속을 다 파먹은 저수지
머리카락이 수세미처럼 구겨진다
표정 없는 얼굴이 마른 장미처럼 야윈다

내 몸속 빈집마다 저수지를 만든다
마디마디 뿌옇게 물이 차오른다

가라앉는다 가라앉는다 가라앉는다

달과 선풍기

창밖 전깃줄 까마귀들이 줄지어 앉아 있다
눈이 내린다
속을 채울 속을 만들어 만두를 빚는다
까마귀 날갯짓 소리에 밤이 쌓인다
빚은 만두가 날아오른다

꼭 살아야 하는 건 아니야
죽어서도 빛이 나는 것들이 있지
봉안당의 벽에는 나비들이 붙어 있어
쉴 새 없이 돌아가는 선풍기
죽음의 냄새가 사라진다면
눈이 내리는 오늘 밤, 베란다 창고에 넣어둔
선풍기를 꺼내야지 속도를 최고로 쉼 없이 돌려보는 거야
죽은 사람들은 왜 날고 싶어 한다고 생각할까

하얀 김이 앉은 성에는 까마귀를 먹고
시간은 만두를 빚던 손을 먹고
밤은 달을 먹고

달은 선풍기 바람 앞의 나를 먹고
눈이 내린다 하얗게 눈이 내린다

일요일 오전

겨울 햇살이 작은 사다리를 놓은
거실에서 발톱을 깎는다

들키고 싶지 않은 연서를 찾듯
우물 같은 소쿠리에서 건져 올린
작고 오래된 손톱깎이
사다리 끝에 앉아
고개를 숙이고 발톱을 깎는다

말을 잘 듣지 않는 손톱깎이는
힘껏 눌러야 한다
톡, 톡
그림자처럼 까맣게 끼어 있는 때
발톱을 깎는 등이 동그랗게 말린다

멀리 날아가는 발톱 조각 하나 손끝으로 눌러
화장지에 잘 싸서 쓰레기통에 던진다

먼지

수북이 쌓인다 나도 모르게,
자라는 먼지를 방치해서
먼지가 먼지를 낳고
먼지가 나를 먹어 버린다

불면 날아갈 것 같았던 먼지는
무게가 생겼다
그냥 날 것 같지 않아서
빗자루를 가져다가 툭툭 건드려 본다
꿈쩍도 하지 않는다

무게가 생긴 먼지는 안으로 문을 잠겄다
비밀이 무성하게 자란다

가부좌를 틀고 바닥에 앉는다
자랄수록 바닥에 가까워져
언제 누설될지 모르는 먼지는
바닥이다 돌아오지 않는 시간이다

홍시

길가 좌판에 홍시가 나를 쳐다보았다
붉은색에 마음을 빼앗겨
전혀 먹지 않는데 홍시를 샀다

버스 정류장에는 흙바람이 날렸다
처음 타보는 버스
첫 번째 버스는 그냥 보내고
두 번째 버스를 타고
여섯 번째 정류장에서 내리기로 했다
벼가 익어가는 들판이 지나갔다

낯선 방에 홍시를 내려놓고
벽에 등을 기대고 앉아 눈을 감았다
두터운 스웨터를 뚫고 찬 기운이 전해져 왔다
홍시는 어쩌나……

딱히 돌아갈 곳도 정해진 시간도 없지만
서둘러 택시를 불러 타고 왔다

집에 오니 홍시가 없었다
홍시가 지키고 있을
낯선 어둠이 나를 따라왔다

창을 닫으러 갔다

어둠이 빗속에 앉아 있었다
내 방 창에서 새어 나간 불빛이
비를 맞고 있었다

문을 닫고 돌아서려는데
불빛 아래 울고 있는 그림자

우산을 들고 나가야 하나
울음이 그치기를 기다려야 하나

어둠 끝 저 먼 데서 우산이 걸어온다
그림자 앞을 멈칫거리다 그냥 지나간다
들킨 그림자가 더욱 번진다

빗소리가 잦아들었다
그림자가 사라졌다

평일

모래사장에 여자가 오래 앉아 있었다
신발을 벗고 천천히 일어섰다
바람이 여자의 머리카락을 쓰다듬었다
발이 푹푹 빠지는 모래 위를 한 발 한 발 걸어갔다
물이 여자의 발에 닿았다
순간 여자가 사라졌다

여자를 부르는 다급한 목소리
파도 속에 떠 있는 그녀가 보였다
남자는 파도를 자르고 들어가 여자를 안았다

멀리 물러난 바다가 팔짱을 끼고 이쪽을 바라보고 있었다

작은 사람

오랫동안 한 번도 입지 않은 옷
입지 않는 옷을 보관하는 일은
기억에 머무는 일인지도 모른다

손을 뻗어 잡은 한 벌뿐인 드레스
언젠가 한 번 더 입을 수 있지 않을까 싶어
버릴까 말까 몇 번을 쳐다보았던 옷
딱 한 번 저 옷을 입고
나에게 남은 예쁨을 모두 뽐낼 수 있다면

청바지는 언제부터 이렇게 많이 모였을까
살이 조금 빠지면 입어야지 했던 것,
이런 바지도 있었네, 라며 잊어버린 것,
하나씩 꺼내 입고 거울 앞에 서 본다

울퉁불퉁해진 낯선 사람이 거울 속에서 나를 보고 웃는다
가급적 나도 웃는다

옷들을 정리하고
여유가 생긴 장롱에 제습제를 넣고 문을 닫는다
저장된 시간의 습기를 제거해 주겠지
기억이 소멸한 자리에 어둠이 자리 잡겠지

햇볕이 쨍한 어느 날, 누군가 장롱을 열면
비우고 비워서 아주 작은 사람이
나비처럼 팔랑팔랑 날아가겠지

우리들의 천국

죽어야만 갈 수 있다는 나라 천국
그러나 나는 오늘도 횡단보도 건너
김밥천국에서 일용할 양식을 얻는다
은박지로 쌓아 올린 밥의 십자가
가난도 고통도 없다는 당신의 세상
당신이 나를 대신하여 받은 벌
나는 죄가 말린 캄캄한 김밥을
한 끼의 죄를 먹는다

내 죄를 사하여 주소서

밤마다 충혈된 십자가
못이 박힌 곳에서 더욱 빛나는 별
알바천국에서 잡은 쿠팡으로 가는 버스를 기다린다
누구도 눈을 뜨지 않는 버스
누구도 마스크를 내리지 않는 버스
버스는 밤을 다 죽여야 다시 온다

잠이 나를 잘 때까지

켜 두고 간 거실 등이 늙은 개처럼 나를 맞는다 TV를 컨다 베란다 빨래는 아직 물기가 남았다 바나나 껍질이 발효되는 냄새가 진동한다

등을 후려치는 소리에 놀라 눈을 뜬다 바람이 비를 토해내고 있다 쏟아지는 빗소리를 들으며 창문을 닫는다 다시 잠이 든다

꿈이 없는 잠 속
아무도 먹지 않을 아침
가늘게 마른 피자 조각들 식은 커피 향
소리 없는 말들이 나를 둘러싼다
허우적거리는 수영장
시름시름 마르는 스킨에겐 물을 주어야지

잠을 원 없이 자보고 싶은 것은 밤이 지나고 아침이 오고 다시 밤이 오기 전에 잠드는 일 끝없이 일어나는 일에 익숙해지는 일 잠이 나를 잘 때까지

불면이라니요

저는 매일 자는데요
앉으나 서나 잠이 와요
잠이 들었는데도 잠이 와요
마주 앉아 얘기하다가도 자요

그러고 보니 글자만 보이고 글이 안 보여요
색깔은 보이는데 그림이 안 보여요

약을 먹고 나면
밥도 물도 삼키지 못했다
길이 움직이고 구토가 올라왔다
사이키처럼 빙빙 돌았다

밤에도 자고 낮에도 자고 앉아서도 자고 서서도 잡니다

불면이라니요
이 약은 더 죽을 거 같아요

남은 알약들을 믹서기에 넣고 갈았다
올라오는 아스팔트에게
돌고 도는 지구에게
내 구토를 받느라 얼룩진 변기에게
죽을 것 같은 약을 쏟았다

불면이라니요?

연휴

여섯 권의 책을 읽고 두 번의 산책을 하고 네 끼의 밥을 먹고 한 캔의 맥주를 마시고 일곱 편의 영화를 보았다 눈으로 입으로 구겨 넣고 구멍은 막혔다 모자를 눌러쓰고 편의점에 갔다 빈 택배 박스들이 발에 채였다 지루한 전봇대의 긴 하품에 받혔다 전깃줄에 앉아 볕을 쬐는 바람에 넘어졌다 수도꼭지를 잠그고 싶지 않았다 물은 넘쳐 욕실 바닥을 채우고 거실로 흘러들 것이다 내 몸이 물에 모두 잠길 것이다 여덟 번째 영화는 저 혼자 이야기를 할 것이다

소파

  검은 소파가 웅크리고 있다 너 없는 소파에 따가운 햇살이 앉는다 어둠은 검은 소파에 깃들고 빛은 언제나 잠시 머물다 간다 빛이 머무는 동안 움찔거리던 그림자는 어둠과 함께 굳어버린다 나 대신 네가 검은 소파에 오래 똬리를 틀고 앉아 비단뱀의 혀처럼 나를 휘감던 네 눈빛을 소름으로 받아낸다 팽팽하던 끈이 어느 순간 툭 끊어지고, 나는 벌러덩 뒤로 나자빠지며 튕겨 나간다 너에게 어둠을 내어주고 오랜만에 침대에서 편히 잠을 잔다

편지

지상의 아내여
이곳은 사시사철 지지 않는 꽃이 핍니다
아무것도 흔들지 않는 바람이 붑니다
구름 위에서 눈처럼 날리는 밥을 먹습니다

지난여름 함께 갔던 나이아가라 폭포에
잠시 다녀왔습니다
동호의 초등학교 입학식에도 다녀왔습니다
유진이의 늦은 하굣길을 같이 걸었습니다

이곳에서는 어디든 갈 수 있고
아무 데도 갈 수 없습니다
많은 것이 있고 많은 것이 없습니다
그러나 무엇보다 당신이 없습니다

나의 아내여
이제는 아프지 않습니다 편안합니다
조금은 잊어도 좋습니다

아무것도 흔들리지 않는 바람이 불면
눈이 밥처럼 펄펄펄 날리면
그때 잠시 꺼내 보아도 좋겠습니다

나는 잘 있습니다

가로등과 나

옥탑으로 가는 길에는 가로등이 있었다 여름내 자주 그 가로등 아래 몸을 숨겼다 노오란 호박 같은 가로등 빛에 그림자는 단내를 숨겼다 들키고 싶었다 여름이 끝날 때까지 단 한 번도 너를 보지 못했다 구부러진 계단처럼 마음도 구부러지면서 가로등을 떠났다 아주 오래, 아주 오래 불 꺼진 가로등 하나 가슴에 묻었다

제2부

싶었다

폭포처럼 쏟아지는 봄볕 아래였다
꽃잎이 바람을 뱉어내며 날았다

내가 살고 싶었던 집 앞에는 벚나무들이 즐비했다 등불 같은 꽃이 어둠을 지고 퇴근하는 나를 환하게 비춰 줄 것 같았다 소낙비처럼 내리는 잎들, 우산 없이 나를 마중하고 싶었다 휴일에는 벚나무 아래 벤치에 앉아 음악을 들으며 책을 읽고 싶었다 하얀 소면 같은 봄볕에 무릎을 내어주고 싶었다 푸른 것들을 무쳐 이른 저녁을 먹고 싶었다 헛기침하는 슬리퍼를 끌고 밖으로 나가볼까? 돌아오는 길에서는 뒷걸음치며 예쁜 약속을 하고 싶었다

하얀 바람이 소복이 쌓이는 눈사람 같은 봄이었다

절대값 K

K는 일정한 거리를 가지고 있습니다
어느 방향으로 가도 늘 같은 거리에 서 있습니다
무엇을 해도 같은 크기로 합니다
K는 공평하고 심심합니다
답답하다고 하는 사람들도 있습니다
무엇을 더하지도 덜하지도 않습니다

K가 가진 거리를 사방에서 한 점으로 모으면 원이 됩니다
그것은 우주입니다 우주는 원죄입니다
K는 가끔 자신이 만든 원을 떠나고 싶어 합니다
더 먼 우주를 상상합니다
사각의 방에서 원 위의 점들을 바라봅니다
사방에 K와 닮은 또 다른 K가 있습니다
둘은 닮았지만 닮지 않았습니다
K는 표정을 짓지 않는 데 익숙합니다

자신의 거리와 자신의 크기를 지키는 것은
놓치면 안 되는 팽팽한 줄다리기 같아서

거리를 좁혀 부둥켜안고 싶지만
또 다른 자신을 쳐다보는 것은 K의 사명입니다
좁혀질 수 없는 거리를
달리할 수 없는 크기로 바라보는 것입니다

가끔 K의 숨소리를 듣습니다
작은 파동이 일으키는 떨림을 만져봅니다

수학 시간

문을 열자 바람에 선풍기가 몸을 돌린다
불을 켠다

네 개의 직각이 뽀얗게 닳은 책상
열을 맞추어 마주 보고 있는 의자들
좁힐 수 없는 평행선 사이의 거리

창문을 연다
전봇대에 새 한 마리 울지 않는다

나를 가둔다
등식이 간수로 있는 시간의 감옥

등받이 없는 원형의 의자에 앉아
모퉁이를 돌아선 미지수들과
틈을 노리는 변수들과 추는 앉은뱅이 춤

창을 열어놓은 채 불을 끈다

해와 몫과 나머지는 데리고
무게중심 잃은 상수를 혼자 두고

사라진 시간을 찾아 문을 닫고 나온다

신림역 2번 출구

매일 아침 7시 신림역 2번 출구
피켓을 든 사내 하나
커다란 입을 벌리고 있는 지하철 입구
새끼줄처럼 엮여 저항 없이
빨려 들어가는 사람들을 향해 서 있다

사내의 직업은 데모
아직 해결되지 않은 문제이거나
잊혀가는 진실이거나
직접 손으로 써서 만든 피켓을 들고
세상을 향해 끝없이 말을 건다
그 말이 어떤 사람의 잠을 깨우고
표정을 깨우고 움츠린 어깨를 펴게 하고
어이없는 밤을 떠올리게 한다

드물게 인사를 건네는 사람도 있고
욕지거리와 삿대질을 하는 사람도 있다

그러거나 말거나
변함없이 서 있는 그 사내

접속

그가 가게 문을 열고 들어선다
메뉴판을 열심히 보지만 주문은 한결같다
307버거와 감자, 맥주 한 잔
로댕 같은 그는 햄버거를 기다리고
난 텅 빈 목요일의 시간을 뒤집으며
햄버거를 굽는다

그녀는 햄버거를 먹지 않는다
치킨샐러드와 맥주 한 잔
수요일의 창가에 앉아 오후를 기다린다
다 식어가는 맥주는 줄어들지 않는다
치킨 조각들은 점점 굳어간다

목요일의 그와 수요일의 그녀는
한 번도 서로를 쳐다보지 않는다
그와 그녀는 어디쯤에 다다랐을까
오후는 어디쯤 와 있을까

보통의 아침

나무는 제자리에 서 있다
의자들은 그 자리에 앉아 있다
셔틀콕이 발밑으로 떨어진다
예수의 말을 중얼거리는 여자
트로트를 흘리며 지나가는 남자

걷는다 본다 걷는다 본다

나무가 보고 있다
의자들이 보고 있다
셔틀콕이 째려보고 있다
말이 말을 하고 있다
귀가 귀를 듣고 있다

커브길 반사경
직진하던 빛이 입술에 부서진다
보이지 않는 곳까지 파장을 일으킨다
아침이 내 쪽으로 휜다

내성발톱

발가락이 빨갛게 부풀어 올랐다
발톱이 살을 파고들었다
손을 살짝 갖다 대기만 해도
숨이 멎을 것같이 아팠다
등에서 식은땀이 흘렀다
아주 조금 파고들었을 뿐인데

살 속으로 파고든 발톱을 살짝 들어 올리고
살과 발톱 사이 소독한 탈지면을 넣었다
발톱이 살에 닿지 않게 되자 숨이 쉬어졌다

누군가 나의 언 손을 잡아주었을 때
온기가 손끝에서 전해져 왔다
온기는 심장까지 빛의 속도로 다가왔다
심장의 떨림이 손끝까지 전해졌다

손을 놓지 말아요
이 떨림이 좋아

나도 그래,
잡은 손에 힘이 들어갔다
누군가 나를 파고들었다

살에 닿았던 발톱을 바라보았다
부풀어 오른 곳에 고름이 생겼다

백색소음

몸이 없는 네가 귓가에 깃든다
내 머리 위에 앉아 머리카락을 땋는다
한 번씩 발끝에 머물러 간지럼을 태운다
어둠을 만지작거리는 것이 싫어서
머리끝까지 이불을 끌어 올린다
보지만 않으면 들리지 않을 것처럼

물을 한 잔 마시고
숨을 들이쉬고
아무 소리가 들리지 않는다고 다짐해 보지만
밤마다 나를 부르는 소리에
나는 언제나 진다

노래를 부르면서 몸을 흔드는 소리
거칠어지는 숨소리
점점 악을 쓰는 소리
나를 부르는 간절한 너의 소리
빨간 보자기 줄까 파란 보자기 줄까

발이 떨어지지 않는 호러 영화 같은 밤

쓰레기 차의 굉음에 네가 실려 나가고
나는 잠이 든다
너는 다시는 오지 않을 것처럼 뒤도 돌아보지 않지만
영화는 끝나지 않았다, 다음 편에 계속

산책

잎과 잎이 손을 잡고 숲을 이루었다
간격이 좁은 나무들의 옆구리에 바람이 깃든다

비가 와도 빛은 구름 뒤에 있는 거지
없어지는 것은 없다

천만 가지 생각으로 도열한 나무들
늙은 칸트 씨가 나를 흘깃 쳐다본다
얼굴을 가린 마스크가 휙,
나는 나무들 쪽으로 비켜 걷는다

모퉁이를 돌아서자 빛이 정면으로 꽂힌다
선명하지만 아무것도 보이지 않는다

내가 지나온 길, 나를 뚫고 간 길
내가 머문 바람, 나를 불고 간 바람

나는 언제부터 나였을까?

물 고인 하늘에 얼굴이 비친다
물러서서 돌아간다

물 먹은 잎들이 나를 따라온다

공중전화

한 손 가득 동전을 쥐고
줄을 서서 기다리지 않아도 되는 곳을 찾았다

하이힐 소리 같은 발신음과
똑똑 동전 떨어지는 소리와
시간이 끝나간다는 신호와
너의 숨소리가 섞이는 밤
가로등 불빛 한 줌 등을 두드렸다

전화를 걸었다
육교 하나 건너 다시 전화를 하고
횡단보도 건너 빈 전화 부스를 서성대다
버스를 타고 세 정거장
정류소 앞, 마지막 동전을 넣고

빈손만 쥐었다 폈다 하며
고개를 떨구고 다다른 집 앞,
너는 거기 다 타버린 담배를 물고 서 있었다

실업

―방역으로 휴관합니다.

해가 기울기를 저울질한다
흰색 공과 빨간 공을 오가며 바다를 건넜다
초록의 무인도에는 하얀 일상과
빨간 기도가 부딪혔다
은하영웅전설 속으로 들었다

월화수목금토일
백만 애인이 저장된 연락처를 배회한다

비둘기

구구구, 구구구
늙은 남자가 비둘기를 불러 모은다

한 손에는 비둘기 밥을 들고
어디서 이 많은 비둘기들이 날아왔을까
멀리서 온 비둘기도 보인다

늙은 남자는 비둘기 밥으로 대한민국을 그린다
비둘기들이 대한민국을 점령한다

늙은 남자는 더 큰 소리로 더 많은 모이로 비둘기를 부른다
놀던 아이들이 슬금슬금 사라진다
볕을 쬐던 사람들도 더 이상 모이지 않는다

살찐 비둘기들은 늙은 남자에게 머리를 조아린다
공터를 가득 메운 구구구구 소리
지나가던 남자가 공을 차듯 비둘기를 발로 찬다
비둘기들이 날아오른다

흩어진 아이들이 다시 모인다
구름 속에 숨어 있던 햇빛이 멈칫거리며 나온다

남자가 비둘기 떼 속으로 뛰어 들어간다
비둘기들이 요란하게 늙은 남자 뒤로 날아오른다

노인은 만국기가 꽂힌 자전거를 타고
비둘기 속으로 사라진다

개망초

집을 지었다
이마에 넓은 창을 낸 집을 지었다
볕 들고 바람 지나가고 가끔 비가 왔다

아이들의 소꿉놀이가 유행하고
감이 담장을 넘나들었다

귀가 찢어지게 아팠다
두통으로 눈을 뜰 수 없었다

꺾인 국화 꽃대가 마당을 어지럽히고
떨어진 감들이 뭉개져 붉은 속살이 드러났다

고양이가 드나드는 담장 밑으로 이웃들이 떠나고
볕 없는 바람이 흙을 일으켰다

집은 없다
국화도 감도 없다

이웃도 아이들의 웃음소리도 없다
별도 바람도 없다
없는 곳에 개망초 꽃들이 흔들린다

나 없는 동안

느리게 저무는 노을이 거리를 쓰다듬었다
그날그날 제 그림을 그렸던 구름이 사라지고
아무도 없는 집의 불은 켜지지 않았다

콩나물국이 쇠잔해가고
하얗게 굳은 냉동실 떡 무덤
변한 것은 없었고 변했다

등껍질이 벗겨진 소파는 버려졌고
칼국수 집에는 부동산이 생겼다
문구점에도 부동산이,
책보다 커피가 많은 북 카페가 들어섰다

미용실의 낡은 수건들이 볕을 쬐고 있었다
월수금에는 재활용 차가 지나갔다
정오에는 채소 파는 트럭들이 번갈아 찾아왔다

느리게 저무는 노을이 거리를 쓰다듬으면

그날그날 제 그림을 그렸던 구름이
아무도 없는 집의 불을 켰다

곰팡이

냉장고에 넣어 둔 밥뚜껑을 여니
초록 곰팡이가 피었다

창밖에는 3월의 눈이
봄볕처럼 드문드문 내리고
나의 식탁에는 뚝뚝 끊긴 시간이 쌓인다

눈처럼 하얀 쌀밥에 핀 푸른 꽃
자꾸만 흐려지는 꽃

제3부

그런 날이

당신을 만나면 밥을 지어 먹으리라
언제 먹었는지 기억나지 않는 사람처럼
매번 따뜻한 밥을 먹는 사람처럼
김이 모락모락 나는 하얀 쌀밥
된장에 두부 듬성듬성 썰어 넣고
시간을 둘둘 말아 계란말이도 하리라
한 번도 밥을 먹어보지 못한 사람처럼
매번 김이 나는 밥을 먹은 사람처럼
눈과 눈이 마주 앉아 저녁을 먹으리라
당신을 만나면 산책을 하리라
길 따라 걸으며 옷가게도 기웃거리고
사리라 마음만 먹고 돌아설 신발도 골라보고
낙엽이 떨어지는 가로수 아래에서
오래 가만히 서 있으리라
그러다 보이는 찻집에 앉아 차를 마시리라
당신은 언제나처럼 차가운 음료수를
나는 언제나처럼 뜨거운 커피를
서로의 것을 탐하며 시간을 나누리라

고양이의 붉은 눈빛이 어둠을 뚫고

말이 쌓인다
한 말과 하고 싶은 말과
하지 못한 말이 쌓인다

나만 알아들을 수 있는 말이
나를 잃고 떠돈다

떠도는 말은 스스로 소멸하고 싶다

관계를 잃는다는 것은 시간이
저편으로 넘어가는 일

담장 위 고양이의 붉은 눈빛이
어둠을 뚫고 이쪽을 보고 있다

나는 잠시 발을 뗄 수 없고
얼어붙은 말들이 해동되지 않는다
약속은 어느 시간에 다른 얼굴이 된다

말을 잃어버린 사이에는

없는 시간만 남는다

머리를 처박고

누군가 식탁에 코를 박고 밥을 먹는다
국물을 마시려고 고개를 든다
누군가의 얼굴을 국물에 처박고 싶다

어젯밤을 이야기하지 않는다

누군가 내 머리를 국에 처박을까 봐
나는 숟가락을 든 채 얼음이 된다

누군가 나간다

누군가 얼음을 풀어주지 않았지만
천천히 다시 혼자 밥을 먹는다
식어버린 국물에 코를 처박고

사진

겨울 햇살이 조각보처럼 빨랫줄에 걸려 있다

반쯤 열려 있는 대문
풀들이 흔들린다
외출하는 엄마를 황급히 따라가다
넘어진 아이처럼 방문이 기울어 있다
언제 밥을 했는지 까마득한 아궁이
먼지가 손님처럼 앉은 대청마루 위
금이 간 액자가 쏟아질 듯 걸려 있다

올망졸망 얼굴들이 모인 결혼식
그 옆에 학사모를 쓴 아버지와 아들
갓 쓰고 쪽진 먼 나라의 풍습
버려져서 완성된 기념들

섬돌 위에 발을 올려놓고
건너편 산으로 내려오는 해를 바라본다

나를 위한 일

가만히 있으라고 한다
훗날 성공하면 크루즈를 타자고 한다
시간이 없다고
다 나를 위한 일이라 한다

너무너무 사랑한다고
나 없는 밤을 상상할 수 없다고
하지만 당장 만날 수는 없다 한다
모든 길을 바이러스가 점령했다고
다 나를 위한 일이라 한다

친구들과 밥을 먹었다고
가족들과 산책을 했다고
뱀딸기 같은 문자가 온다
화양연화 같은 사진들이 도착한다
지금은 멀다 한다
가만히 있으라 한다
나중에 세계 일주나 하자 한다

다 나를 위한 일이라 한다

빈 달팽이집으로 들어가
등을 구부려 머리를 무릎 사이에 묻고
가만히 있었다
먼 훗날의 내가 거기 있었다
다 나를 위한 일이었다

냄새

 너무 오래 너를 사랑한 것이 죄야 나는 가까이 있어서 너무 가까이에 있는 내가 하는 말은 믿지 않는구나 어리둥절한 새 얼굴들에 솔깃해지는 거지 나도 그럴 때가 있는걸 낯선 것을 보면 눈이 크게 떠지지 네가 묻혀놓은 너의 냄새는 내 콧속에 있어 호기심도 새 얼굴들도 너의 냄새를 이기지 못해 너에게도 나의 냄새가 새겨져 있겠지 모든 사랑은 냄새의 지문을 가지는걸 이미 떠났는데 또 떠난다고? 네가 모르는 건 떠난다는 의미야 그 자리에 가만히 있어도 이미 떠나고 없는 사람도 있는 거니까 너는 나를 떠나 지옥을 버리고 싶겠지 지옥을 버릴 곳을 찾는 어리석은 일 따위는 그만둬 버릴 내가 없는 것을 알지 못하는 너에겐 모든 곳이 지옥이니까 살 껍질이 벗겨지도록 씻고 또 씻어도 냄새는 사라지지 않아 옅어질 뿐이지

창에서 나는

우리의 이별은 늘 창문에서 이루어졌다 때로는 네가 창 안에 있기도 하고 때로는 내가 창 안에 있기도 했다 창밖에 널 두고 오는 날에는 열이 나고 몸살이 났다 창을 사이에 두고 손바닥을 마주했지만 어긋난 손금과 손금이 운명처럼 만났지만 우리는 서로에게 난 창들을 뒤로한 채 각자의 길을 갔다 너는 부수고 나는 던지고 전쟁은 또 다른 전쟁을 낳았다 너를 창밖에 세워두고 창 안에서 네 뒤로 난 길을 바라보았다 그러나 가지 않았다 네가 머리를 떨구던 순간 나는 너를 보았다 네가 다시 머리를 들기도 전에 창은 그 자리를 떠났다

낮 12시

햇빛이 공원의 정수리에 내리쬐자
바람이 웃음을 담은 치마를 쏟아낸다

동사무소가 직장인 원선희 씨는
커피콩에서 아메리카노를 사 들고
벤치에 앉아 비타민D를 마신다

'로즈빌' 빌라의 청년, 정우 씨는 정장을 차려입고
편의점에 들러 도시락을 사 들고 나온다

커피콩 언니는
사람들보다 많은 종이컵을 쌓아놓고
12시 15분이 되기를 기다린다

할머니의 지팡이를 잡은 할아버지가
한쪽으로 쏠리는 몸을 견디며 자춤자춤 따라간다
벤저민의 시계처럼 시간이 거꾸로 흐른다

젊은 여자의 유모차에 탄
종을 알 수 없는 강아지가 빤히 쳐다본다
고양이 한 마리가 길을 가로질러 간다

챙모자를 눌러쓴 남자가 전화기를 귀에 바짝 갖다 대고
얼굴을 찡그리며 왔다 갔다 한다

벤치에 앉아 생각에 잠겨 있던 그림자가
결심을 끝내고 조금씩 길어질 준비를 한다

통증

모퉁이를 돌자 불쑥 튀어나오는 고양이
브레이크보다 빠르게, 발은 어디로 간 걸까

돌멩이 하나 차 앞 유리에 날아와 박힌다
모든 것을 맞아야 하는 운명을 타고난 창은 비명을 질러보지만
없는 소리를 들을 수 있는 귀들은 어디로 간 걸까

타닥타닥 마른 잎이 타들어 간다
발바닥에서 시작하여 산불처럼 온몸으로 번진다
끝을 알 수 없는 바늘들의 길
이정표는 어디로 간 걸까?

소문

 선생님, 오늘 주차장의 차가 어디 갔나 봐요? 카페 마담의 귀에 걸려 잠시 머물렀다 고데기 돌리는 미용실 원장 앞치마 속을 지났다 고개를 숙이고 달달달 오버로크를 치는 수선집 사장 꽃집 언니는 프리지어 다발을 묶어 향을 퍼뜨렸다 약속 부동산 신사장은 39-2번지 2층 방을 직방에 올렸다 떠도는 반죽을 힘껏 치대는 디저트 가게 총각 졸고 있던 편의점 아르바이트가 계산대에 머리를 찧었다 세탁소 앞 어린 수국이 어제보다 몽글몽글 뭉쳐졌다 없는 사람이 종일 빈 골목을 채우고 다녔다

12는 13을 모르고

네가 오기로 한 시간
정오의 해가 커피를 쏟으며 기울어졌다
너는 여전히 오지 않았다

12개의 반음이 가지런한 피아노 건반 위에서
너의 손은 춤을 추듯이 유려했고
나는 숨을 죽인 채 너를 훔쳐보고 있었다
너는 뒤를 돌아보지 않았다
너의 손이 움직일 때마다 나던 소리,
공간을 더욱 비워지게 하던 소리

연필 한 다스는 왜 12개일까
어릴 적 풀던 수학 문제는 연필 한 다스의 값을 주고
연필 한 자루의 값을 구하래
한 다스는 무엇이고 한 자루는 무엇일까

걸리버의 키가 소인국 사람의 12배인 걸 알아?
자정을 넘긴 달이 갸우뚱거릴 때였어

원탁의 기사가 12명인 걸 아느냐고 나는 되물었지
우리의 웃음소리가 열두 별자리를 깨우는 밤이었어

20100711, 아직 12일이 되지 않았어
좀처럼 뒤를 돌아보지 않던 너는
끝내 오지 않았다
13을 기다린다, 달력이 품고 있는 열세 번째 달
아무도 말하지 않는 11을 기억하면서

연말정산

겉보기엔 상처 하나 없지만
완치가 없다는 희귀난치성질환 류머티즘
죽지도 않는 만성질환
삶은 만성통증이어서
진행을 막는 알약 한 주먹으로
퇴행성 질환의 아침을 맞는다

5년마다 내 병은 갱신된다, 산정특례 심사

산정특례 자격을 잃는다는 것은
중증질환이 회복되었거나
희귀난치성질환이 치료되었거나
완치가 없는 병인 것을 알면서도
건강보험 산정특례법은
5년마다 어김없이 내 병을 심사하고
안녕을 묻는다
죽었니? 살았니?

올해도 욱신욱신 살아남아

기본인적공제도 받고 추가공제도 받는다

개와 늑대의 시간

저물녘 이토모리 호수가 붉게 물들고
저 언덕 너머로 오고 있는 당신
내가 그리워한 당신인지
나를 그리워한 당신인지
낮과 밤의 경계가 모호하고
꿈인지 현실인지 이승인지 저승인지
이 짧은 순간에만 당신을 만날 수 있다

붉은 세상을 어둠이 삼켜버리면
경계는 사라지고
당신은 저편의 세계로
나는 이편의 세계로
마주하고 있어도 볼 수 없고
부르고 싶어도 떠오르지 않는 이름
그러나 당신은 잊고 싶지 않은 사람
잊으면 안 되는 사람
그런 소중한 사람

---

*영화 〈너의 이름은〉을 보고.

현무암

손만 스쳐도 바스락거린다

구멍 난 몸은
제 구멍을 스스로 껴안고
더는 바람을 마실 수 없을 때
비로소 바람의 돌이 된다

손톱을 깎는다

손톱을 깎는다
재크의 콩나무처럼 순식간에 자라난
오후의 그림자 같은 생각을 똑똑 자른다

한끝의 싹도 남기지 말아야 한다
잘린 곳에서 손톱은 다시 자란다
몸집을 불리고 키를 키울 테지

'떡 하나 주면 안 잡아먹지'

다 줘버리고 싶은데
꼭 하나씩만 달라고 하는군요
얼마 안 가 다시 달라 할 거면서 말이에요

자른 손톱은 차곡차곡 모아
만날 때마다 하나씩 던져주어야지

내 손톱을 야금야금 빼먹고

손을 먹고 발을 먹고 팔다리를 먹고
몸뚱이마저 잡아먹고 싶은 네 속마음이겠지만
네 안에서 자라난 나의 손톱이
너를 먹을 거야

붉은색 매니큐어를 바른다
다시 자라나는 손톱은 너를 잡아먹은 손톱
빨갛게 웃으며 손톱을 깎겠지

좋겠다

좋은 사람과 가까이 살고 싶다
슬리퍼 끌고 우영 엄마 부르며 문 벌컥 열어도
반갑게 맞아주는 사람
비 온다고 전 한 장 부쳐 들고 가도
아껴 놓은 소주 한 병 꺼낼 줄 아는 사람
늦은 밤 이른 아침이라도
의논할 일 꺼내도 되는 사람
없는 돈 서로 꿔주며 같이 돈 벌 궁리하고
인터넷 뒤져가며 좋은 것 골라주는 사람
자식 흉볼 때
같이 울기도 웃기도 하는 그런 사람
서운한 마음 생기다가도 한나절 해 기울면
커피 한잔? 웃으며 전화하는 사람

그런 사람이 있었으면 좋겠다
그런 사람이 되었으면 좋겠다

제4부

무성영화

통증을 받치느라
일곱 개의 베개가 놓여 있던 엄마의 침대
세 개의 베개와 잠이 드는 나는
아직 네 개의 베개가 남았다

다녀온다고 인사하고 간 사람들이
돌아오지 않을 수도 있다는 것을
밤이 지나고 동이 트고 차들이 움직여도
네가 없는 세상이 되었다

왜 그땐 몰랐을까?

가까이에서 멀리 날아온다는 것을
멀고 멀어서 가까울 수 있다는 것을
빈 신발에도 울어줄 사람이 있다는 것을

김상달 씨

어머니 이름은 김상달이었다
원래 이름은 김상연이다
면서기가 한자를 잘못 기재해
상연(相連)은 상달(相達)이 되었다
連은 達이 되어
60년을 씩씩하게만 살다 간 상달 씨,
상연 씨가 되고 싶어 개명신청을 했지만
법원은 허락하지 않았다
(개명 불가, 삶을 바꿀 수 없다)
〈내 이름은 김삼순〉이라는 드라마 후에
개명이 쉬워졌다고 죽는 순간까지 포기하지 않았지만
위패에도 김상달이 적혔다
"혹시 김상달 씨 계세요?"
죽은 사람을 찾는 전화를 받는 일은 흔치 않아서
옛 애인을 우연히 본 것처럼 심장이 빠르게 뛰고
등에서는 식은땀이 폭포처럼 내리꽂혔다
김상달 씨 다음 차례입니다
김상달 씨 약 나왔어요

상달 씨를 상연이라 부른 사람은 단 한 사람
상달 씨의 남편이었다
한 줌의 재가 되어서도 찾을 수 없었던 이름
아버지가 그토록 찾아주고 싶어 했던 이름
어머니 이름은 김상연이다

가시

가시를 만들기 위해서는 잠을 자야 한다
잠은 언제나 도망다녔다
꿈속의 일처럼

가시만 있다면, 가시만 있다면

잠이 든다는 것은 가시의 탑을 쌓는 일
누구도 침범할 수 없는 깊고 오랜 잠
잠을 청한다
눈에 보이는 가시가 없도록
스스로 지킬 수 있도록

온몸에 가시가 자란다

야자수가 있는 집

아버지가 새로 지은 집은 마당이 넓었다 어느 봄, 아버지가 야자수 한 그루를 가져왔다 어린 야자수 한 그루가 마당 한 모퉁이에 섰다 마당은 와이키키 해변 같았다

많던 식구들이 하나둘 떠났다 야자수는 남은 아버지와 어머니를 지켰다 다 자란 야자수는 이웃들의 담장을 넘었다 저 멀리서도 바람에 흔들리는 야자수가 보였다 대문을 들어서면 가장 먼저 맞아주는 것도 야자수였다 사람들이 다 떠난 해변에 야자수 혼자 남아 춤을 추는 것 같았다

도시에 바람이 부는 날이면 저 혼자 흔들리는 야자수 생각을 했다 그런 날은 꿈속에서 야자수를 보았다 떠난 사람들이 모두 돌아와 야자수 아래서 훌라춤을 추며 놀았다 웃음이 바다 끝에 닿았다 쉽게 전화를 하지 못했다 바람에 저 혼자 흔들리는 야자수 생각만 했다

문상

오래 연락이 끊어진 지인의 시모상 소식을 들었다
갈지 말지 아주 잠시 망설였다
그녀와 묵은 감정이 없는 것은 아니었지만
모든 것을 밀쳐두고 위로하고 위로받아야 할 일이라
징검다리도 없는 시간을 건넜다

하루가 저물고 밤이 내려앉았다
한강철교 조명이 물 위로 미끄러지고 있었다

엄마의 장례식장을 찾은 사람들은
하나같이 내 이름을 부르며 들어섰다
상복을 입고 서 있는 나와 동생을 향한 걱정
모든 울음이 부르는 내 이름은
엄마의 또 다른 이름이었다

상가에 들어서니 그녀의 성장한 자녀들이 먼저 반겼다
죽은 자가 만들어 준 이 시간
나도 그녀도 망자에 기대 잠시 울었다

바뀐 전화번호를 주고받지 않았다
다시 볼 수 없을 거라는 것을
다시 보지 않을 거라는 것을 그녀도 나도 알았다

먼 어느 날
우리는 또 낯선 시간의 슬픔에 기대 서로를 울 것이다

세신(洗身)

목욕탕 세신대에
눈을 꼭 감고 누워 있다
다 빨려서 오그라든 젖가슴
날릴 먼지조차 없는 평원을 지나
문득 솟은 봉분, 비너스의 언덕에는
누구를 매장했을까
깊은 골짜기엔 바람도 없다

엄마는 눈을 꼭 감은 채
두 손을 배 위에 올려놓고
엷은 웃음을 물고 있었다
모든 구멍에서 흐르는 말들을
솜으로 틀어막고
손발을 꽁꽁 싸매었다
잘못 본 걸까,
감은 눈에 눈물 한 줄기
엄마!

천장의 물방울이
그녀의 얼굴 위로 똑똑 떨어진다

공원

엄마가 있는 봉안당에서
가끔 해 지는 모습을 보았다
날마다 신입을 받는 봉안당에는
쉴 새 없이 선풍기가 돌고 있었다
저물녘 엄마를 찾아가면
엄마를 닮은 노을이 창을 넘고
적막한 선풍기 바람 가만가만 불었다
서서 오래 울었던 것도 같다
바닥에 주저앉아 있기도 했다
아파트의 창문 같은 봉안당 맨 꼭대기 층
한참을 올려다보다 지치면
사다리를 놓고 올라가야만 보이던
엄마는 그러나 늘 말이 없었다
말 없는 엄마도 좋았다
저물녘 노을은 창을 넘나들고
선풍기는 돌아가고

거제 수국

아버지와 수국을 보러 갔다
허리가 휜 해안도로
수국이 길을 만들며 피어 있었다
아버지는 토양에 따라 색깔이 바뀌는
수국 이야기를 했다
리트머스지 같은 수국은 여러 가지 빛깔을 쏟아 놓았다

옛날, 섬에 배가 한 척 떠내려 왔는기라. 정신을 잃은 남자 하나 그 배에 타고 있었다 아이가. 물질을 하던 해녀 하나가 그 사람을 구했제. 정성껏 간호도 하고 잘 거둬 먹여 다시 살려 놓자 지 갈 길을 안 갔것나. 그거를 가지 말란 말도 못 하고 속으로만 끙끙 안 앓았겠나. 울고 싶어도 울지도 못했을 기라. 그 눈물 다 모여 뭐가 됐을꼬. 차라리 흘러보냈으면 좋았을 긴데.

안개 속 바위 끝을 바라보는 아버지의 눈에
청보라 수국이 맺혔다
때마침 먼 바다에서 휘이~ 숨비소리 들렸다

등

뒤꼍 수돗가에 구부려 앉은 아버지
아버지, 부르니
코끝에 걸린 안경 너머로
어이, 나를 올려다본다

갑자기 주름이 깊어진 아버지
자신의 성정만큼 꼿꼿했던
그 큰 등이 굽어가는 줄도 모르고
잘 벼려진 칼로
파닥거리는 생선을 손질한다

뭍에서는 이런 거 못 묵제……

엄마 돌아가신 뒤 며느리 밥이 싫어
새어머니 들이고도 등은 굽어만 갔다

손질된 생선 꾸러미 건네며 등을 돌린다
뒤뜰에 앉은 굽은 소나무 같은

아버지의 등으로
봄볕 한 자락 들어간다

국화

고향 집 마당에는 국화가 한창이었다
만개한 국화들이 가을을 피웠다

봄날 화분 하나에 모종 하나씩
마당에 화분을 3열 종대로 세워놓고
꽃대를 꽂아가며 국화를 심었다

교련 선생님 같은 아버지는
식구들에게 당번을 정해주고
뙤약볕 아래 국화에 물을 주게 했다

국화처럼 사람들이 만개한 가을마당
잘 웃지 않는 아버지의 입가에
노란 웃음이 피었다

아버지는 국화가 한창이었다

합장

엄마는 바람에 날려 달라 했다
땅에 묻히기 싫다 했다

아버지는 찾아갈 데가 있어야 한다고
당신 죽으면 합장해야 한다 했다

죽어서도 산 자를 위로하며 사는
엄마의 뼛가루를 항아리에 넣고
한 뼘 봉안당으로 모셨다

등의 평수가 점점 줄어든 아버지는
못 이기는 척 새장가를 갔고

나는 궁금해졌다
합장은 누구랑 하나?
세 분을 한데 넣어야 하나?

젓가락

젓가락질을 잘해야 집중력이 좋아진다고
아버지는 아침마다 눈을 치켜떴다

두 개의 젓가락은 적절한 거리와
적당한 힘으로 균형을 잡아야 한다
삐끗하면 콩나물은 중간고사 등수처럼 떨어지니까
눈물이 고드름처럼 매달린다
눈치 없는 동생은 엄마가 얹어주는 깍두기를
소리 나게 씹어댄다

나는 젓가락 잡은 손가락에 힘을 주고
데이지 않을 만큼의 거리에 앉은
아버지와 나처럼 젓가락 사이를 가늠하고
움츠러든 어깨에 힘을 빼고
탁, 탁 전열을 정비한다
아버지는 내 젓가락을 쳐다보고
식구들은 더욱 숨을 죽인다

오랜만에 아버지와 같이 점심을 먹었다
딸과의 겸상이 어색한지 헛기침을 했다
아버지는 젓가락으로 집어 올리던 생선을 떨어뜨리고
순간, 나를 쳐다보았다

겨를

손에 잡히지 않습니다
그냥 주어지는 것이 아닙니다
손가락 사이로 비치는 햇살은
처음부터 보이지 않습니다
하늘을 보지 않았습니다
하늘을 봐야지, 라고 생각하지 않았습니다
고개 들어 하늘을 봅니다
마침 하늘에서 비가 떨어집니다
조바심에 달음박질칩니다
나는 달립니다
손가락 사이로 빠져나가기 전에 잡아야 합니다
그러나 비가 옵니다
빗속에 가려진 해를 찾아 하늘을 봅니다
그래도 비가 옵니다
얼굴에도 손가락 사이로도 비가 옵니다
잡을 수 있는 것이 아닌지도 모릅니다
잡아야지만 잡히는 것이 아니니까요
손에 잡히지 않고

눈에 잡히지 않고
귀에 잡히지 않습니다
한번 잡히지 않는 것은
끝내 잡히지 않습니다

순서

 죽음에 순서가 없다는 말은 죽기 전의 일이다 화장터에는 순서를 기다리는 줄이 길었고 번호표를 받고 기다렸다 순서를 기다리는 동안 사람들은 각양각색의 예를 올렸다 원하지 않았지만 앞선 사람의 유골이 나오는 것을 지켜보았다

 시신이 시뻘건 불구덩이로 들어갈 때 잠시 잊었던 눈물이 낯설었다 뼛가루를 받아 안고 봉안당으로 가는 길은 충분히 피곤했다 누구도 주저하지 않고 눈을 감았다 집에 돌아와 각자의 방으로 흩어졌다 거실에 어둠이 내려앉았다 아무도 불을 밝히지 않았다 적막이 숨소리를 집어삼켰다

 갑자기 맹렬한 허기를 느꼈다 불도 켜지 않은 식탁에 앉아 꾸역꾸역 밥을 먹기 시작했다 동생도 나와 말없이 밥을 먹기 시작했다 밥 삼키는 소리에 식구들이 모여들었다 쩝쩝 요란하게 밥을 먹었다 불도 켜지 않고 말도 하지 않았다 엄마는 그렇게 우리와 마지막 식사를 했다

해설

일상을 빚는 지극한 태도와 진심

박진희(문학평론가)

『나는 잘 있습니다』는 정리움 시인의 첫 번째 시집이다. 이 시집은 형식적으로든 내용상으로든 매우 다른 경향의 시들이 공존해 있다는 특징을 보인다. 감정이나 욕망 등을 특별한 시적 장치 없이 묘사한 시들이 있는가 하면 사물의 감각화로 팽팽한 시적 긴장을 유발하는 시들도 있고, 순일한 서정적 합일을 그리고 있는 시가 있는가 하면 냉소적 시선으로 핍진한 현실을 묘사한 작품도 있다. 경험적 사실을 있는 그대로 서술하는가 하면 사변적이거나 환상적 이미지를 개입시키는 경우도 있다.

첫 시집이니만큼 이러한 양상들을 시인의 실험적 시도로 이해할 수도 있을 것이고 또 한편으로는 어떠한 경향에 경도되지 않는 시인의 자유로운 혹은 폭넓은 상상력의 모험으로 볼 수도 있을 것이다. 어떻든 분명한 것은 이와 같은 시도들이 모두 일정 정도의 질적 수준을 담보하고 있다는 사실일 것이다. 특히 대립적 심상의 병치로 구축하는 의미의 깊이와 미적 성취는 첫 시집이라는 타이틀이 무색할 정도로 예사롭지 않다. 이는 '일상'과 '죽음'의 관계에서 더욱 두드러지게 드러난다는 특징을 보이는데 이들 두 소재는 이 시집을 관류하는 의미의 두 축이기도 하다.

1.

『나는 잘 있습니다』에서는 '일요일 오전', '연휴', '평일', '보통의 아침', '낮 12시' 등 일상의 시간을 지시하는 제목을 쉽게 볼 수 있다. 그중 「연휴」와 「평일」 두 편을 읽어보자. 이 시편들은 일상을 이루는, 상대적인 형식의 시간이면서 의미를 구축하는 시인만의 고유한 방법적 의장이 잘 드러나는 작품들이다.

여섯 권의 책을 읽고 두 번의 산책을 하고 네 끼의 밥을 먹고 한 캔의 맥주를 마시고 일곱 편의 영화를 보았다 눈으로 입으로 구겨 넣고 구멍은 막혔다 모자를 눌러쓰고 편의점에 갔다 빈 택배 박스들이 발에 채였다 지루한 전봇대의 긴 하품에 받혔다 전깃줄에 앉아 별을 쬐는 바람에 넘어졌다 수도꼭지를 잠그고 싶지 않았다 물은 넘쳐 욕실 바닥을 채우고 거실로 흘러들 것이다 내 몸이 물에 모두 잠길 것이다 여덟 번째 영화는 저 혼자 이야기를 할 것이다

—「연휴」전문

위 시는 '연휴'라는 제목에 걸맞게 시적 자아가 연휴를 보낸 방법이 드러나고 있다. "여섯 권의 책을 읽었고 두 번의 산책을 하고 네 끼의 밥을 먹고 한 캔의 맥주를 마시고 일곱 편의 영화를 보았다"는 것이 그것이다. 며칠 간의 연휴인지는 밝히고 있지 않으나 거의 쓰러지지 않을 만큼만 먹고 잠도 자지 않고 온통 읽고 보는 것으로 시간을 보낸 듯하다. 그나마도 "눈으로 입으로 구겨 넣고 구멍은 막혔다"는 것을 보면 취미 생활을 했다기보다는 그것들에 매몰되어 있었다는 표현이 더 적절한 것처럼 보인다.

시적 자아는 비몽사몽인 듯 현실과 가상을 넘나들다가 종국에는 욕실에서 흘러넘치는 물에 몸이 모두 잠기는 상상에 빠진다. 잠이 드는 감각의 형상화로 볼 수 있지만 죽음을 환기하게 한다는 사실은 부정할 수 없다. 이러한 양상은 「평일」이라는 시에서 더욱 구체적으로 드러나고 있다.

모래사장에 여자가 오래 앉아 있었다

신발을 벗고 천천히 일어섰다

바람이 여자의 머리카락을 쓰다듬었다

발이 푹푹 빠지는 모래 위를 한 발 한 발 걸어갔다

물이 여자의 발에 닿았다

순간 여자가 사라졌다

여자를 부르는 다급한 목소리

파도 속에 떠 있는 그녀가 보였다

남자는 파도를 자르고 들어가 여자를 안았다

멀리 물러난 바다가 팔짱을 끼고 이쪽을 바라보고 있었다

―「평일」전문

  1연에서 여자는 모래사장에 오래 앉아 있다가 마치 무엇에 홀린 듯 신발을 벗고 바다 쪽으로 걸어간다. 여자의 발이 물에 닿고 어느 순간 파도가 여자를 삼킨다. 2연에서 남자는 다급하게 여자를 부르며 바다로 뛰어 들어가 그를 안는다. 주목을 요하는 것은 여자와 파도, 곧 여자와 죽음 사이에 긴밀한 연결성이 존재한다는 사실이다. "바람이 여자의 머리카락을 쓰다듬었다"는 표현에서 보듯 여자가 바다로 들어가는 행위는 물 흐르듯 부드럽고도 자연스럽기 때문이다.

그 흐름을 깨고 여자를 '이쪽' 즉 삶의 편으로 돌려놓는 것이 남자이다. "여자를 부르는 다급한 목소리"라든가 "남자는 파도를 자르고 들어가 여자를 안았다"는 묘사에서 이를 확인할 수 있다. 그러나 마지막 연에서 여자와 바다의 관계가 완전히 끝난 것이 아니라는 반전이 드러난다. "멀리 물러난 바다가 팔짱을 끼고 이쪽을 바라보고 있었다"라는 시구에서 보듯 바다는 유혹의 손길을 거두지 않을 것임을, 그리고 여자는 쉽게 그 유혹에 넘어갈 수 있음을 예감할 수 있기 때문이다.

'평일'은 '휴일이 아닌 보통의 날'이라는 뜻으로 평범, 일상 등의 말을 떠올릴 만하다. 그러나 시인은 '평일'이나 '연휴'와 같은 이러한 일상성의 감각을 죽음의 격렬한 이미지에 오버랩시킴으로써 좀처럼 잊히지 않는 강렬한 인상을 환기시킨다. 이처럼 시인의 시에서 일상과 죽음은 길항 관계에 놓여 각각의 의미가 견고하게 구축되는 양상을 보인다. 중요한 것은 이 일상과 죽음을 매개하는 대상의 존재다. 그것은 이 시에서 '남자'로 표상되는 타자, 더 구체적으로는 그 타자와 이루는 관계 내지 사랑으로 드러난다.

2.

'나는 잘 있습니다'라는 시집 제목과는 달리 시인의 시에 등장하는 시적 자아는 고독, 가난, 어둠, 통증 등을 동반한 실존의 어려움을 겪는 존재이다. "발바닥에서 시작하여 산불처럼 온몸으로 번"져가는, "끝을 알 수 없는"(「통증」) 통증에 시달리기도 하고 불면증과 그 약의 부작용으로 인해 "죽을 것 같"(「불면이라니요」, 「잠이 나를 잘 때까지」)기도 하다. "가난도 고통도 없다"는 천국은 "당신의 세상"일 뿐이고 시적 자아는 "김밥천국에서 일용할 양식을 얻"(「우리들의 천국」)고 '쿠팡'에서 밤샘 알바를 해야 한다. 시적 자아에게 "삶은 만성통증"(「냄새」)으로 표상될 만큼 고통스럽다. 시인의 시에서 일상이 죽음과 긴밀하게 연결되는 까닭이기도 하다.

> 통증을 받치느라
> 일곱 개의 베개가 놓여 있던 엄마의 침대
> 세 개의 베개와 잠이 드는 나는
> 아직 네 개의 베개가 남았다
>
> 다녀온다고 인사하고 간 사람들이
> 돌아오지 않을 수도 있다는 것을
> 밤이 지나고 동이 트고 차들이 움직여도
> 네가 없는 세상이 되었다
>
> 왜 그땐 몰랐을까?

가까이에서 멀리 날아온다는 것을
멀고 멀어서 가까울 수 있다는 것을
빈 신발에도 울어줄 사람이 있다는 것을
—「무성영화」 전문

통증 때문에 잠을 자기 위해서는 일곱 개의 베개가 필요했던 '엄마', 그보다는 덜하지만 시적 자아 또한 통증으로 밤잠을 설치는 처지에 놓여 있는 듯하다. "아직 네 개의 베개가 남았다"는 것에서 자신이 느끼는 통증의 정도를 토대로 '엄마'가 겪었을 고통을 가늠해보고 있음을 알 수 있다.

2연에서는 "다녀온다고 인사하고 간 사람들이/돌아오지 않"는, 예상하지 못했던 작별로 인한 상실을 그리고 있다. "밤이 지나고 동이 트고 차들이 움직"이는, 세상은 그렇게 예전과 변함없이 돌아가고 있는 듯 보이지만 그것은 "네가 없는 세상"으로 모든 것이 달라진 세상이다. '너' 하나 없을 뿐이지만 '너'를 잃은 자아에겐 '너'를 제외한 모든 것이 의미를 잃어버린 세상일 터다.

1연과 2연은 동떨어진 내용처럼 보이지만 그 간극은 4연에서 갈무리된다. "가까이에서 멀리 날아온다는 것", "멀고 멀어서 가까울 수 있다는 것"에 대한 통찰이 그것이다. '너의 있음'은 "밤이 지나고 동이 트는" 것만큼이나 익숙하고 자연스러운 것이기에 그것의 소중함이나 그로 인한 기쁨은 인식이나 정서의 차원에 오래 머물지 않는다. 이것이 '가까움'의 함정일 터인데 "빈 신발에도 울" 만큼의 정서적 가까움은 오히려 "멀고 멀어서" '가까이'할 수 없을 때 표출되기 때문이다. 그리고 그것은 '너의 있음'으로 인한 기쁨보다 깊고 오래 지속된다.

시적 자아는 "왜 그땐 몰랐을까?"라고 통탄하지만 사실 몰랐던 것은 아니다. 아는 것으로 피할 수 있는 것이었다면 영원한 이별 앞에서라도 후회는 없을 것이다. 모든 존재가 언젠가는 죽는다는 사실을 우리는 너무도 잘 알고 있기 때문이다. 지나고 나서야 비로소 알게 되는 것이 있다. 이때의 앎이란 사실에 대한 앎이 아니고 경험과 인식을 아우르는 총체적인 앎이다. 이처럼 시인은 멀어서 가깝고, 알고 있었지만 몰랐던 생의 아이러니를, 낯선 방법적 의장을 통해 다시, 새롭게 각인시키고 있다.

말이 쌓인다
한 말과 하고 싶은 말과
하지 못한 말이 쌓인다

나만 알아들을 수 있는 말이
나를 잃고 떠돈다

떠도는 말은 스스로 소멸하고 싶다

관계를 잃는다는 것은 시간이
저편으로 넘어가는 일

담장 위 고양이의 붉은 눈빛이
어둠을 뚫고 이쪽을 보고 있다

나는 잠시 발을 뗄 수 없고
얼어붙은 말들이 해동되지 않는다
약속은 어느 시간에 다른 얼굴이 된다

말을 잃어버린 사이에는
없는 시간만 남는다
　　—「고양이의 붉은 눈빛이 어둠을 뚫고」 전문

   시인의 시에서는 시적 자아와 타자가 서정적 동일화에 이르는 경우를 찾아보기 어렵다. 동일화의 대상은 이별이나 죽음으로 인한 부재의 상황에 있거나 불화, 불통의 상황에 놓이기 때문이다. 위 시 또한 예외가 아니다. 시적 자아와 '당신'은 소통의 매개라 할 수 있는 둘 사이의 '말'을 잃는다. '한 말'은 당신에게 가닿지 않고, '하고 싶은 말'은 '하지 못한 말'이 되어 쌓이고만 있다. 이 시에서 소통의 단절은 "관계를 잃는다"는 의미이며 "관계를 잃는다는 것은 시간이/저편으로 넘어가는 일"에 다름 아니다.

시인에게 관계를 맺는다는 것은 시간을 공유하는 일이다. 이 시간이 '함께 있는' 물리적 시간을 의미하는 것이 아님은 물론이다. '오직 당신만 알아들을 수 있는 말'을 만들고 소통하는 둘만의 고유한 시간일 것이다. "그 자리에 가만히 있어도 이미 떠나고 없는 사람도 있는"(「냄새」)것처럼 중요한 것은 마음, 사랑 같은 것들이다. "얼어붙은 말들"이나 '다른 얼굴이 되어버린 약속'이란 바로 이러한 정서들이 변질되거나 사라진 상태를 의미화한 것으로 이해할 수 있다. 그러므로 "말을 잃어버린 사이"에는 우리만의 고유한 시간이 아닌 '우리가 없는' 물리적 시간만 남게 되는 것이다.

3.

이 시집에서 시인은 쉽게 합일의 정서를 구현하지 않는다. 시적 자아가 자아 자신을 포함한 대상과의 서정적 동일화를 이루지 않음은 물론 서정시의 보편적인 주제라 할 수 있는 자연과의 동일화도 그의 시에서는 찾아보기 어렵다. "거리를 좁혀 부둥켜안고 싶지만/또 다른 자신을 쳐다보는 것은 K의 사명"(「절대값 K」)이라는 시구에서도 엿볼 수 있듯 시인은 거리를 두고 부단히 자아 자신의 심연을 들여다보고 타자와의 관계, 세계와의 그것에 관해 질문을 던진다. 나란 누구이고 "나는 언제부터 나였는지"(「산책」), 관계를 맺는다는 것은 어떤 의미이고 그 관계는 어떠해야 하는지에 대한 사유가 그의 시에는 빼곡하다.

인간은 세계에 내던져졌으며 타자와의 관계를 통해 본질을 만들어 가는 존재라 할 때 시인이 던지는 물음들은 근본적인 것들이라 할 수 있다. "거리를 좁혀 부둥켜안"는 것은 그 후에나 가능한 일이다. 실상 자신의 심연을 들여다보거나 관계의 본질을 탐구하는 작업은 고통스럽고도 지난한 일이다. 인간이라는 존재와 그 관계의 민낯을 마주하게 되기 때문이다. 그러나 그것을 덮고 좋은 게 좋은 것이라는 듯 성급하게 추구하는 동일성은 한갓 모래성에 불과할 뿐이다. 그것을 알기에 시인은 불화의 정서에 오래 머무는 것이다. 그래서일까 시인의 시에서 시적 자아가 맺는 관계에는 집요한 물음과 함께 고통스러운 진심이 담겨 있다.

> 오래 연락이 끊어진 지인의 시모상 소식을 들었다
> 갈지 말지 아주 잠시 망설였다
> 그녀와 묵은 감정이 없는 것은 아니었지만
> 모든 것을 밀쳐두고 위로하고 위로받아야 할 일이라
> 징검다리도 없는 시간을 건넜다

하루가 저물고 밤이 내려앉았다
한강철교 조명이 물 위로 미끄러지고 있었다

엄마의 장례식장을 찾은 사람들은
하나같이 내 이름을 부르며 들어섰다
상복을 입고 서 있는 나와 동생을 향한 걱정
모든 울음이 부르는 내 이름은
엄마의 또 다른 이름이었다

상가에 들어서니 그녀의 성장한 자녀들이 먼저 반겼다
죽은 자가 만들어 준 이 시간
나도 그녀도 망자에 기대 잠시 울었다

바뀐 전화번호를 주고받지 않았다
다시 볼 수 없을 거라는 것을
다시 보지 않을 거라는 것을 그녀도 나도 알았다

먼 어느 날
우리는 또 낯선 시간의 슬픔에 기대 서로를 울 것이다
—「문상」전문

시인은 "모든 사랑은 냄새의 지문을 가"진다라고 단언한다.

이 '냄새'의 속성은 "살 껍질이 벗겨지도록 씻고 또 씻어도"(「냄새」) 옅어질 뿐 사라지지 않는다는 것이다. 시인에게 관계 맺음이란 곧 사랑이고 그 사랑에는 '냄새의 지문'이 새겨져 있는 것이다. "관계를 잃는다는 것은 시간이/저편으로 넘어가는 일"(「고양이의 붉은 눈빛이 어둠을 뚫고」)인 까닭, 사라지는 것이 아니라 '저편으로 넘어가는' 것인 까닭이 여기에 있을 것이다. 이러한 관계에 대한 진심이 잘 드러나 있는 시가 「문상」이다.

시적 자아는 "오래 연락이 끊어진 지인의 시모상 소식"을 듣는다. 사실 '묵은 감정'이 있는 지인의, 모친상도 아닌 시모상이라면 모른 척하고 장례에 가지 않는 것이 일반적인 경우일 것이다. 그러나 자아는 "갈지 말지 아주 잠시 망설"인 끝에 "징검다리도 없는 시간을 건"넌다. 이미 '저편으로 넘어간' 시간을 잠시 이편으로 다시 돌린 셈이다. 그렇다고 이것이 관계를 되돌리는 것을 의미하는 것은 아니다. "바뀐 전화번호를 주고받지 않았"고 "다시 볼 수 없을 거라는 것을/다시 보지 않을 거라는 것을 그녀도 나도 알"고 있다는 표현에서 이를 확인할 수 있다. 시적 자아의 이러한 행위는 관계에 새겨진 "냄새의 지문"(「냄새」)이 의미하는 바를, 타자와 맺은 관계에 대한 시인의 태도를 보여준다. 시인의 시 세계에서 관계를 맺는 것, 곧 서정적 동일성에 이르는 것에 그토록 신중한 까닭이 여기에 있을 것이다.

이 시는 '나와 당신'이 만드는 고유한 시간의 가치를 함의하고 있다는 점에서도 의미가 있다. 이 시에서 '나와 당신'의 관계는 둘 사이에서 끝나는 것이 아님을 보여준다. "엄마의 장례식장을 찾은 사람들"의 "모든 울음이 부르는 내 이름은/엄마의 또 다른 이름이었"던 것처럼, 관계를 맺는다는 것 곧 사랑이란 당신의 관계, 사랑 또한 마음에 들이는 일인 것이다. 그러므로 사랑하는 이를 잃는다는 것은 그 사람과만 가능했던 관계가 끝난다는 의미도 되지만 그 사람의 세계 자체가 사라지는 것이기도 하다.

　죽음에 순서가 없다는 말은 죽기 전의 일이다 화장터에는 순서를 기다리는 줄이 길었고 번호표를 받고 기다렸다 순서를 기다리는 동안 사람들은 각양각색의 예를 올렸다 원하지 않았지만 앞선 사람의 유골이 나오는 것을 지켜보았다

　시신이 시뻘건 불구덩이로 들어갈 때 잠시 잊었던 눈물이 낯설었다 뼛가루를 받아 안고 봉안당으로 가는 길은 충분히 피곤했다 누구도 주저하지 않고 눈을 감았다 집에 돌아와 각자의 방으로 흩어졌다 거실에 어둠이 내려앉았다 아무도 불을 밝히지 않았다 적막이 숨소리를 집어삼켰다

갑자기 맹렬한 허기를 느꼈다 불도 켜지 않은 식탁에 앉아 꾸역꾸역 밥을 먹기 시작했다 동생도 나와 말없이 밥을 먹기 시작했다 밥 삼키는 소리에 식구들이 모여들었다 쩝쩝 요란하게 밥을 먹었다 불도 켜지 않고 말도 하지 않았다 엄마는 그렇게 우리와 마지막 식사를 했다

—「순서」전문

「문상」에서 보듯 시인에게 대상과의 관계나 사랑은 실존적인 것이다. 추상적인 관념이나 정서에 머무는 것이 아니고 일상에 밀착되어 있다. 위 시에서도 이를 잘 보여주고 있는데 '엄마'의 죽음으로 인한 상실감과 슬픔은 감정의 차원에서 지속되지 않는다. '순서'로 인해 '유예'되고 "잠시 잊었던 눈물이 낯설"어지기도 한다. 시신을 화장하고 봉안당에 안치하는 것 또한 사랑하는 이를 보내는 절차 중 하나일 것이나 시인의 방식은 다르다. 시인이 애도하는 형식은 그와의 일상, 그와 보냈던 시간을 재현하는 것이기 때문이다.

  누군가와의 작별이 슬픈 것은 그와의 기억이 있기 때문이며, 그 기억이란 일상에 녹아 있는 것일수록 더욱 깊고 오랜 슬픔을 남기는 법이다. 시적 자아가 느낀 "맹렬한 허기"는 상실감의 은유가 아니다. '엄마'와의 기억은 먹는 것과 떼려야 뗄 수 없는 관계에 있다. 기억조차 없는 때에도 '엄마'는 나를 먹였을 것이고 엄마와의 많은 시간이 식탁에서 빚어졌을 것이

다. 시적 자아는 이제 다시는 그때로 돌아가서 할 수 없는 일을 마지막으로 하는 것으로 '엄마'를 보낸다. 관계와 사랑에 관한 시인의 언어는 이토록 신체적이다. "쩝쩝 요란하게 밥을 먹"는 모습과 "엄마는 그렇게 우리와 마지막 식사를 했다"는 내레이션이 중첩되면서 긴 여운을 남긴다.

> 지상의 아내여
> 이곳은 사시사철 지지 않는 꽃이 핍니다
> 아무것도 흔들지 않는 바람이 붑니다
> 구름 위에서 눈처럼 날리는 밥을 먹습니다
>
> 지난여름 함께 갔던 나이아가라 폭포에
> 잠시 다녀왔습니다
> 동호의 초등학교 입학식에도 다녀왔습니다
> 유진이의 늦은 하굣길을 같이 걸었습니다
>
> 이곳에서는 어디든 갈 수 있고
> 아무 데도 갈 수 없습니다
> 많은 것이 있고 많은 것이 없습니다
> 그러나 무엇보다 당신이 없습니다
>
> 나의 아내여

이제는 아프지 않습니다 편안합니다
조금은 잊어도 좋습니다
아무것도 흔들리지 않는 바람이 불면
눈이 밥처럼 펄펄펄 날리면
그때 잠시 꺼내 보아도 좋겠습니다

나는 잘 있습니다
―「편지」 전문

 이 시는 사별한 남편이 '지상의 아내'에게 보내는 편지 형식으로 전개되고 있다. 담담한 어조로 남편은 천상에 있는 자신의 안부를 전하고 지상에 있는 아내의 안녕을 당부하고 있다. 슬픔이 매우 순화된 상태로 전개되고 있는 듯하지만 오히려 그 절제된 감정이 슬픔의 깊이를 더하는 장치가 되고 있다.

 이 시에서 짙은 슬픔이 느껴지는 까닭은 남편의 말에서 아내의 삶이 보이고, 일상 속 아내의 목소리가 얹혀 들리기 때문이다. 남편이 있는 '이곳'은 "사시사철 지지 않는 꽃"이 피는 곳, 즉 죽음이 없는 곳이다. '지상의 아내'는 한순간에 지고 마는 꽃이나 꽃잎을 흔드는 바람을 보면 남편 생각이 났을 것이다. "동호의 초등학교 입학식"에서, "유진이의 늦은 하굣길을 같이 걸"으며 아내는 남편의 부재를 절실하게 느꼈을 것이다. 그러므로 "무엇보다 당신이 없습니다"라는 것은 남편의 말이

지만 사실 남아 있는 아내가 매 순간 절절하게 감각하는 현실일 터이다. 남편과 아내 사이에는 천상과 지상이라는 극복할 수 없는 거리가 놓여 있지만 심정적 거리는 무화되어 있는 것이다.

4연에서는 남편이 죽음에 이르기까지 많이 아팠으며, 남편의 죽음 이후 아내가 남편을 '조금도 잊지 못하고' 있음이 드러나고 있다. 남편이 편지를 한 까닭이 여기에 있다. 아내에게 자신은 '이제 아프지 않고 편안하다'는 것, 그러니 당신도 '조금은 잊'고 잘 지내라는 말을 하기 위해서인 것이다. "나는 잘 있습니다", 이 말을 강조하고 있는 이유는 그것이 아내가 가장 확인하고 싶어 하는 바이자, 그래야 아내도 '잘 있'을 수 있기 때문이다. 이처럼 이 시에서 나의 '잘 있음'은 당신의 '잘 있음'을 위해, 그리고 당신의 '잘 있음'을 전제로 이루어진다.

이 시는 시집 제목인 "나는 잘 있습니다"라는 구절이 직접적으로 드러나 있다는 점에서 의미가 있다. 특히 이 시집은 작품을 읽기도 전, 시집 제목에서부터 오래 눈길을 붙잡는, 매우 독특한 경우였다. "나는 잘 있습니다"라는 말은 묘하게도 사실 전달에 그치는 것이 아니라 여러 다른 의미와 복합적인 정서를 환기하게 하기 때문이다. 대체로 표제시에서는 시인의 정신이랄까 의식의 향방을 엿볼 수 있는데 이 시 또한 예외가 아니다. 타자와 이루는 강한 서정적 동일성, 이를 통해 드러나는 일상과 죽음의 의미가 고스란히 드러나 있기 때문이다.

정리움 시인의 시에서는 일상과 죽음이 의미의 두 축을 이룬다. 그리고 그것의 의미는 관계를 통해서, 곧 자아와의 관계, 타자 혹은 세계와의 관계를 통해 드러난다. 그의 시에서 시적 자아는 세계와의 서정적 동일성을 끊임없이 유보하며 불화의 상태에 머무는데 서정적 동일성은 그저 「싶었다」, 「좋겠다」, 「그런 날이」 등에서와 같이 염원이나 가정의 형태로만 구현될 뿐이다. 이는 시인의 관계 맺음에 대한 진심, 한번 맺은 관계에 대한 책임에서 비롯되는 것으로 보인다.

인간 존재는 예외 없이 모두 태어나고 살고 죽는다. 사는 것, 곧 일상의 의미는 죽음을 환기할 때 더욱 농밀해지며 일상에 대한 지극한 태도는 죽음을 수용할 수 있게 한다. 일상이란 세계와 맺는 관계를 통해 이어지는 것이다. 그러므로 시인의 관계 맺음, 곧 서정적 동일성에 대한 진심과 집요한 노력은 일상에 대한 그것과 다른 것이 아니다. 실상 「편지」를 포함한 서정적 동일성을 이룬 몇 안 되는 작품들을 보면 다른 시들에 비해 강렬한 이미지나 특별한 시적 장치가 없으면서도 애틋하고 웅숭깊다는 특징을 보인다. 이는 관계 맺음에 대한 시인의 진심과 불화에 대한 치열한 탐색이 있었기에 가능한 아름다움일 것이다. 이 더디고도 고통스러운 진심, 이것이 다층적인 경향의 시들을 관류하는 시인의 의식이자 『나는 잘 있습니다』에 함의되어 있는 깊은 유대의 근원이 아닌가 한다.

시인동네 시인선 223

나는 잘 있습니다
ⓒ 정리움

초판 1쇄 인쇄	2024년 1월 8일
초판 1쇄 발행	2024년 1월 15일
지은이	정리움
펴낸이	김석봉
디자인	헤이존
펴낸곳	문학의전당
출판등록	제448-251002012000043호
주소	충북 단양군 적성면 도곡파랑로 178
전화	043-421-1977
전자우편	sbpoem@naver.com

ISBN 979-11-5896-629-4 03810

*이 책의 판권은 지은이와 문학의전당에 있습니다.
*양측의 서면 동의 없는 무단 전재 및 복제를 금합니다.
*잘못 만들어진 책은 바꿔드립니다.